Anoniem

Johann C Wolffertz

Published by Johann C Wolffertz, 2024.

ANONIEM

First edition. June 16, 2024.

ISBN: 979-8224087532

Written by Johann C Wolffertz.

Inhoudsopgawe

Voorwoord

Hierdie is nie opgdra aan die taal puristem rasiste, kapitaliste of konserwatiwe mense. Die bundel word opgedra aan die wat glo, aan Lewe, Liefde, Lag.

Die wat ook nie toelaat dat ander hulle in boksies druk nie. Maar ek moet eerlik wees die word opgedra aan die liefde van my lewe, wat by my gestaan het en steeds doen in my donkerste tye.

Let wet ek is nie 'n geleerde taal persoon of so iets nie, eerlik ekt skaars opgelet op skool, so verskoon spel foute en taal reel foute.

DEEL EEN

"Ek's fokken lief vir jou
So fokken lief vir jou
Ek weet ek sê dit min
Maar ek sê dit nou
Al die kak wat ons al deur is
Fokken lief vir jou"
FLVJ-Fokofpolisiekar

Bly 'n Bietjie Langer

Kyk die maan helder oor die berg,
Die kamer donker, met musiek aan,
Dit voel asof ek die wêreld dra,
Maar ek wil net hê jy moet bly.

Kom ons dans tot die son opkom,
Bly net 'n bietjie langer,
Die nag is jonk en sterre skyn,
Bly asseblief 'n bietjie langer.

Kitare dreun soos wilde storms,
En stemme meng soos ryp vrugte,
Ons passie brand soos vure in die nag,
Ek wil net hê jy moet bly.

Kom ons dans tot die son opkom,
Bly net 'n bietjie langer,
Die nag is jonk en sterre skyn,
Bly asseblief 'n bietjie langer.

Ritmes verbind ons saam,
Mag ons liefde ons aanhoudend brand,
Saam kan ons die wereld se haat oorwin,
Bly 'n bietjie langer.

Kom ons dans tot die son opkom,
Bly net 'n bietjie langer,
Die nag is jonk en sterre skyn,
Bly asseblief 'n bietjie langer.

Smeer nog 'n bietjie liefde op hierdie blou kitaar,
Laat ons dans tot son opkom,
Bly net 'n bietjie langer,
Vir ewig en altyd saam.

Waar die Winde my Dra.

Oor die storm see, en droë karoo,
wandel ek met 'n lied in my hart,
soekend na die een wat my siel kan sien,
opsoek na die een wat my huis is.

Deur die woestyn en berge hoog,
wandel ek met stoff in my oë,
met 'n stem van prag wat roep in die wind.
"Kom terug, kom terug, bring die waarheid binne."

Daar waar die son agter berge sak,
met sterre wat skyn helder en skoon,
dis daar waar ek jou sal vind,
dis die stofpad wat my terug na jou lei.

Oor die storm see, en droë karoo,
wandel ek met 'n lied in my hart,
met die wind wat my elke tree lei,
so vind ek my pad terug na jou, my life

Foto in Jou Jean se Sak

In jou jean se sak sit ek,
'n vaal ou foto, 'n stille gids,
'n oomblik vasgevang, in tyd,
'n herinnering wat eens ons sin was.

Ek is net 'n foto, 'n blik van die verlede,
maar in jou sak sal my teenwoordigheid duur,
'n herinnering van liefde, van dae wat verby is,
'n stukkie van ons storie wat nooit sal bederf nie.

Gevou en gekreukel na aan jou hart gehou,
'n konneksie wat tyd nooit sal gee nie,
in die diepte van jou sak bly ek stil,
'n aandenking van 'n oomblik wat nooit sal swaai nie.

Al is ek net 'n foto, klein en stil,
ek hou die krag om op te roep en te vervul,
herinneringe en emosies wat nooit vervaag nie,
in die sak van jou jeans is my essensie gelê.

So dra my saam met jou, waar jy ook al gaan,
in die stof van jou wese het ek 'n tuiste gevind,
want ek is meer as net papier en ink,
in jou sak sal ons liefde vir altyd skakel.

Ek is net 'n foto, maar in jou omhelsing,
Word word 'n simbool van skoonheid en grasie,
'n gedig van oomblikke, vasgevang in tinte,
in die sak van jou jeans gee ons liefde nooit op nie.

Tattoo Engel

Sy stap in die donker strate, woes en wild,
’n meisie met tattoos, haar siel verskroei,
vlam van rebellie, brand deur haar vlees,
sy is ’n vuurvonk in die nag, met haar Rock ’n Roll gees.

Tattoo beelde brand helder,
nog ‘n rock en roll-engel tot in ewigheid,
leef in melodieë, deur die nag,
meisie met tattoos, vernietig die pad.

Op haar vel, verhale van ‘n donker kant,
in ink gegesel, oorweldigende brand,
diep verborge geheime, van donker gloed,
’n getatoeëerde droom, ’n wese ongewoont.

Haar tatoeëerder se naald, ’n orgasme van pyn,
sy laat musiek deur haar are vloei, ’n ware meesterstuk in lyn,
sy’s ’n lewende kunswerk, ’n rebellie met geen einde,
Afrikaans, alternatief se beliggaamde legende.

Elke tattoo bring lewe in vlees en bloed,
’n meesterstuk, ’n simfonie van pyn en moed,
sy loop in skemer lig, sing met ’n engele stem,
Rock en Roll-engel, die wêreld is haar verhoog.

Nag van Passie

Nag van passie tussen ons,
ons vuur brand helder in die donker
ek voel jou warmte naby my,
en ek wil jou in my arms vou.

Musiek speel sag van binne ons harte,
ons dans tot die son weer opkom.
in die wind 'n gesang van liefde,
soos die sterre in jou oë.

Ek voel die klop en ritme van jou hart,
Ons weet ons hoort saam hier.
Verlore is ons in die oomblik,
Maar ons maak die oomblik verewig.

Nag van passie tussen ons in,
Gevries terwyl die wereld om ons draai.
Maar ek wil jou net in my arms hou,
En met jou dans onder die maan.

DEEL TWEE

"We will get there when we fucking get there."
Piet Botha (The Road dukumentêr)

Die Groot Afrikaner Subliminale Brein Spoel Komplot

Kom stap saam deur mistige gange,
In die hart van die Afrikaner se verstand,
Ons is brein verspoel, ons is verdwaal,
In 'n wêreld van waansin en verraad.

Die maskers val, die waarheid word onthul,
In die Afrikaner se spel van gruwel,
Die aarde skud, ‘n rebel se gees ontwaak,
Vir eens en vir altyd, hul komplot sal voortbestaan.

Kom ons stap deur die mistige gange,
In die hart van ‘n Afrikaner se verstand,
Ons is brein dood, is ons verdwaal,
In 'n wêreld van waansin en verraad.

Diep in ons gees, 'n droewige melodie.
Die Afrikaner breinnspoel komplot, ons is geketting,
‘n rebel gees brand in ons,
Met vuis en vuur staan ons saam.

Afrikaner onreg, waansin en haat,
Die kettings word gebruek.
Die rebel verwoes die breinspoel komplot.
Ons is vry die nuwe generasie..

‘n Swart Cadillac en Whiskey

‘n Swart Cadillac en whiskey, 'n verhaal wat ek moet vertel.
Oor donker nagte, waar die hart soos vure brand.
In die stad van die neon-lig, met die hitte en die wolke.
Balanseer op die draad, soos 'n skilder verstaan.

‘n Swart Cadillac en whiskey, vat my weg vanaand.
Ek dans met die nag, terwyl die maan hoog hang.
Daars geen pad uit, maar ek's vasgevang in jou lied.
‘n Swart Cadillac en whiskey, in my siel gegiet.

Op die snelweg van drome, heeltemal alleen.
Gloeiende lyne op teer en huiwering wat roof en ween.
Boë in die pad, elke flikker 'n geheimsinnige vraag.
‘n ‘n Swart Cadillac en whiskey, hul wonder, hul lag

Daar's 'n rook ruimte in my kop, waar woorde vloei en roer.
‘n Swart Cadillac en whiskey, 'n melodie 'n geheimsinnige moer.
Die rym en die rede, kruine in die skeemer.
Maar die pad lê voor, my lied moet loop en tref tot die top.

So vou ek my woorde, soos 'n bliksem in die nag.
As ek diep in die waters val, en my gedagtes so sag.
‘n Swart Cadillac en whiskey, hul les my siel se dors.
Meisie, laat jou stem my dra, in hierdie woorde kors.

So hier staan ek, met my snare, my lied.
'n Swart Cadillac en whiskey, ons reis saam in hierdie tyd.
Sentraal in die middel van die baie, op 'n pad vol mysterie.
Hier is my woord 'n melodie, die gees van harmonie.

Dwaalspoor van die Afrikaner Punk

My ouma sê ek moet soos 'n skaap wees,
Maar ek kies 'n lewe waarvan sy nie weet nie.
Met skinny jeans, hare kleurvol gekluer,
Veg ek teen die gety, dis die enigste plan.

Ek's net 'n afrikaner punk,
Met 'n stem wat skree teen donker lig,
Ons verf die wêreld 'n rebelse se kleur,
Dis ons manier om hierdie land te betreur.

My brein geprogrammeer deur musiek,
Die kragtige klank van ons stil bewind.
Ons sing van vryheid, ons sing van stryd,
Die waarheid deur die letters van ons lied.

Ons marsjeer deur die strate van duisternis,
Met klankbaane van waarheid en onreg .
Ons weet dis hordeswat ons hier wil bring,
Maar hierdie wereld is deesdae 'n vreemde ding.

Tempo, rebel, dis ons realiteid,
Afrikaner punk, 'n waarheid wat nie vervaag.
Moenie ons oordeel na die bliksems wat gerugte spry,
Want ware vryheid is in ons musiek en ons vrugte.

Ek's net 'n afrikaner punk,
Met 'n stem wat skree teen die donker lug,
Ons verf die wêreld in 'n rebellie se kleur,
Dit's ons manier om hierdie land te betreur.

Droomlose Doolhof

Die nag, waar ek dwalend staan.
Deur strate van 'n vergete stad.
My siel verlore in uitgedroogde drome.
Waar die ondier skuil en skadu's gloei.

Droomloose doolhof, ons smag na slaap.
In koue nagte, waar die vrees ons jag.
Droomloose doolhof, ons dans met die dood.
Ons bloedige afrikaner, ongekroonde moord.

Gewonde harte skree in verborge pyn.
Verworpene wat brand in die vloek van wyn.
'N vurige passie wat die lug verswelg.
Wit duiwels wat durf rebel.

Ons bied ons vlees, aan die bleek maanlig.
Ons vrees die einde, maar keur terug elke nag.
Dit is die ritueel, my susters en broers.
'n fees van pyn, waar drome skeur.

In donker woude, waar monsters huil.
Waar duiwels skater lag en van binne kwyl.
Ons koppe gevul met 'n skrikbeeld slap.
In ons koppe, 'n monster styf geknap.

Droomloose doolhof, vas gevang in ons brein.
Afrikaners se alter ego, ons leef in die pyn.
Verweef met die lug, verstrengel met gees.
Ons gaan voort, die dag vat ons vrees.

Tussen Drome en Realiteid

Vasgevang tussen drome en realiteid,
in hierdie wêreld waar ons woon,
'n delikate dans van dualiteit,
waar waarheid en fantasie speel.

In my drome is kleure lewendig helder,
alle moontlikhede eindeloos en groot,
maar die werklikheid se greep is ferm en styf,
'n onvergewende dobbelsteen wat gegooi word.

Ek verlang om deur vrye winde van drome te sweef,
Om hierdie, aardse vlak te ontsnap,
Maar werklikheid fluister, so lyk dit,
Dat ek net in drome vry kan wees.

Tog vind ek in hierdie liminale ruimte,
'n Spieël wat my hart en siel weerspieël,
Net 'n Brug tussen hart en verstand,
drome en werklikheid wat saamsmelt.

Laat my dans op die lyne tusssen twee,
Waar grense vervaag en vervaag,
Want hier, in hierdie ryk ongesiens,
Die digter se siel is onbevrees.

DEEL DRIE

"I'll remember Hazareth when you face me with your gun
For when you aim you'll shoot to kill
That hellhound on the run
Hellhound on the run
Hellhound run run
Run hellhound run"
The Kid Came From Hazareth, by Freedom's Children

Skarrel Dronk Oggend

Die son brand my oë,
word wakker my kop is swaar,
whiskey in my asem,
En die reuk van whiskey hang.

skarrel dronk oggend, die wêreld raas,
in 'n wasige mis, ek verloor my greep,
lewe vir vandag, more is ‘n vaag verskynsel,
skarrel dronk oggend, deur die lewe skeef.

Die torment van die laas nag,
hang nou oor my kop gevou,
ek soek na verlossing,
die musiek wat my kop laat kop.

Op die strate van die stad,
verloor ek myself in die geraas,
die klankgolwe van ons vyfset-klank,
skeur my uit my droom sonder verlaas.

Gruis en rebels, ek sny deur die rus,
ek skop teen die mure van die taal,
‘n Afrikaanse punk, met my vyfset-gedagte,
verkuif die grense, verander 'n vertrapte verhaal,

Skop teen die wind, dans in die reën,
Skarrel dronk oggend, ,my vrye gees,
Die wêreld maak lawaai, maar ek breek nie,
Afrikaanse punk, ek leef my Vryheid.

Stad van Gebroke Drome

Die is die stad van gebroke drome,
waar die son bloedrooi agter agter geboue verdwyn.
Johannesburg, die stad van goud,
waar die rysende yster pyle na die hemel ryk.

In die stad van gebroke drome,
is daar geen genade, net die klank van gebroke siele.
Hier loop net geeste deur die strate, op soek na waarheid,
Johannesburg, die stad waar drome vertrap word.

Die stad van wilde donkerheid,
waar donker waens deur die nag ry.
Gevolg deur geheimsinnige klanke van bas,
rock se beat om die stad te besweer.

In die skadus van torings en wolkekrabbers,
my hart klop in ritme met die stad se seer.
Gebore uit die as van wanhoop en verraad,
vind ek myself, 'n buitengewone karakter, 'n rebel.

As die son oor die Magaliesberge sak,
en die lug gevul met die reuk van staal en stof.
Voel ek die krag van die stad deur my are pomp,
ons is die wolwe, die opregte in valse klere.

Hier in Johannesburg, die stad van die ongebroke gees.
Ons bly, die kunstenaars, met ons stemme en opstandige greep.
Die stad van gebroke drome sal herleef.
As ons dit verstaan, ons ware aard, en ons lig op die pad van die ewigheid.

Tussen Spoke en Spore

In die skemer lig van die dag,
tussen spoke en spore,
deur die veld en oor die pad,
verlore spore bewaar duer ons hart.

Die aarde se stof in die wind,
fluit, fluit die melodie van ons reis,
in 'n wereld waar wesens verdwyn,
word ons to verewig gelees.

Tussen spoke en spore, o' so sag,
soos die roetes van die verskondes,
duer die donker valleie van die nag,
vertel die stories van die onsienlikess.

Soos die maanlig saggies val,
op die landskap van drome,
met elke tree 'n nuwe taal,
geskrewe in die lied van ons siel.

Die veld lê vol verlore spore,
'n swerwer se pad duer tyd,
met sy hart as Kompas ongedeerd,
duer die jagtog oor die eindelose wyk.

So stap hy voor sy begasie so swaar,
met net die nagtelike stilte se omhels,
tussen spoke en spore so klaar,
op sy reis na 'n bestemming on bekend.

Ja, dis die stroom van verlore spore,
oor die berge en vlaktes van ons wese,
dit is die lied wat ons almal bly hoor,
op die eindelose spoor, na Vryheid ne geregtigheid.

Die is die stroom van verlore spore,
'n dwaalsoektog na die waarheid,
in die skadus van die lewens spoor,
vin dons die Vryheid van ons siel, in ewigheid.

Ek die Pad en die Volkswagen Kombi

Die pad roep my soos 'n lang verlore vriend,
terwyl die son sak agter die horizon,
'n kombi, treurig en verweer,
as die verhaal in my gedagtes leef.

Die winde my paaie en roetes,
is die lirieke van my reis wat siel bekoor,
die pad roep my om te ry,
op die lang pad, waar 'n storie altyd wag.

Ek die Pad en die Volkswagen Kombi.

Die snelweg lê voor my, lank en reguit,
padtekens verdwyn soos ek huilend ry,
herinneringe, skiet soos koeëls duer my hart,
Op hierdie langpad, waar ek altyd wil wees.

Ek gly verby dorpe, stede, en mense,
die kombi, my egenoot deur die tyd,
Sing ek liedere van ware passie,
vir die pad en die vryheid wat in my bloei.

Ek die Pad en die Volkswagen Kombi.
Die nag is hier saam sy donker geheim,
sterre wat wag en fluister dan my naam,

goggas dans om die lig te vang,
In die pad, wat my nooit alleen voel.

Rookwolke agter ons wys die lewe,
die wind fluister 'n. geheime geluk,
ry op die wysheid van die oop pad,
die kombi, waar drome nooit vlug.

Ek die Pad en die Volkswagen Kombi.

Die pad het my gelei deur drome en pyn,
ek vertel 'n storie, vir hierdie land,
'n verhaal van 'n reis sonder end,
binne die kombi, waar pret en emosie is.

So laat ons ry, in die skemer van vriendskap,
Met 'n melodie wat harte verbind,
Die pad en die kombi, my tuiste, my reis,
In my drome, sal hulle ewig leef.

Die Roep van Afrika

In die skemer van die continent.
Met die son sak en lig verdwyn.
Hoor ek die roep van Afrika.
'n Stem wat sweef duer die wind.

Afrika, my Liefste, my skoonheid.
'n Land wat duer my are vloei.
Maar ek sien haar verswak.
En ek voel die smart in haar hart.

Afrika, liefste land.
Sy staan op 'n donker rand.
Maar ek sing vir jou hierdie lied.
Om jou te red, van al die verdriet.

Ek kyk na jou duer hartseer oë.
Verwoeste velde en droë riviere.
Die lewe wat so vining verdwyn.
En niemand sien die vuur in jou hart.

Afrika, my hart bloei vir jou.
Ek wil vekondig jou storie van rou.
Die mense se smart, die kinders se klag.
Dis tyd om jou te hoor en jou te dra.

Die lug is swaar van woede en stryd.
Korrupsie en onreg in elke gryp.
Wie sal opstaan vir die onskuldige.
Wie sal die dans ontsnap, wie sal staan?

Afrika, my lief, my siel kerm.
Ek wil hoor jou stem, jou redding is my doel.
Laat ons saamstaan, hand in hand.
En bou 'n toekoms vol hoop en gevoel.

In die lied van verandering sal ons saamstaan.
Vir 'n beter toekoms, saam sal ons gaan.
Afrika, my liefde, jou hart sal herleef.
Die Roep van Afrika, ons sal nie vergeet.

DEEL VIER

"As ons staan op die einde van die lang pad langs die spoor
Daars net donkerte daar voor ek staan en bewe
Dit raak swarter en daar's net stilte wat ek hoor
Hou my hand, styf vas, langs jou sy
Is jy nog lief vir my?
Sal jy my by die hemelpoorte kry?"
Tussen Stasies, Jack Parrow feat. Heuwels Fantasties.

Vaarwel, Ou Vriend

Die wind is koud vanaand,
Aleen dwaal ek op die strand,
Jou skadu verdwyn in die donker see,
Ek voel so vêr van die huis af.

Vaarwel, ou vriend, vaarwel my broer,
Herinneringe brand heimwee so diep,
Jy was die Kompas in die donker,
Nou stap ek aleen in die woestyn.

Helder skyn die sterre, ek kan jou nie sien nie,
Trane roll stadig, ek mis jou ou vriend,
Jy was my rots, in die storm see,
Nou staan ek aleen en wag op die kus.

Vaarwel, ou vriend, vaarwel my broer,
Herinneringe brand heimwee so diep,
Jy was die Kompas in die donker,
Nou stap ek aleen in die woestyn.

Maar ek onthou die tye van geluk en prag,
Musiek en dronk dans in die nag,
Jy was deel van my, en van wie ek is,
Maar al wat ek nou kan sê is vaarwel ou vriend.

Vaarwel, ou vriend, vaarwel my broer,
Herinneringe brand heimwee so diep,
Jy was die Kompas in die donker,
Nou stap ek aleen in die woestyn.

Die wind is koud vanaand,
Aleen dwaal ek op die strand,
Jou skadu verdwyn in die donker see,
Ek voel so vêr van die huis af.

Vaarwel, ou vriend, vaarwel my broer,
Herinneringe brand heimwee so diep,
Jy was die Kompas in die donker,
Nou stap ek aleen in die woestyn.

Vaarwel, ou vriend, vaarwel, vaarwel.

Rook En Trane Na Die Mis

Ek staan alleen hier in die donker,
met een kliek stuur 'n e-mail na die hemel,
met woorde van liefde en smart,
is dit die enigsite manie om jou te bereik?

'n E-mail na die hemel, ek hoop jy hoor my
van binne weet ek jy is in 'n beter plek maar die verlange,
ek mis jou lag, ek mis jou stem,
ek sukkel met elke tree om vorentoe te beweeg, 'n gevangene.

Op die klank van die trom, duer die rook en trane,
ek skree uit na die heelal vir 'n hoorbare teken,
'n e-mail na die hemel, van diep binne my siel,
in my hart sal jy altyd bly, tot ek jou weer sal sien.

So dans ek in sagte skemerlig,
gee my krag om te aanvaar, krag om te vergeef,
al die woorde wat ek nooit gesê het nie,
so stuur ek hulle met die wind na jou, ek bid jy hoor.

Die Hartseer van net Gister

Die is 'n treurige storie wat ek moet vertel,
van 'n gebroke hart wat voel soos dood,
net nog 'n gedig van smart waar trane loop,
die hartseer van net gister bly wroeg.

Ek sit hier met my kitaar en my pyn,
probeer die hartseer weg te speel in 'n rympie,
maar woorde bly vasgevang in my keel,
die hartseer van net gister is te veel.

Die wind sing 'n treur deuntjie oor die vlakte,
in my siel weet ek die liefde is verraai,
sterre kyk van bo stil en wys,
die hartseer van net gister bly wys.

Ek stoot my stem in die donker nag,
roep na die liefde wat my verlaat vannag,
maar ek weet die tyd sal wonde heel,
die hartseer van net gister sal genees.

In elke noot wat ek speel, elke lied,
bid ek vir vrede vir my siel, en my hart,
mag die hartseer van net gister vergaan,
en 'n nuwe lied van liefde ontstaan.

So speel ek die hartseer blues van gister,
met 'n trane in my oë en 'n sug uit my bor,
mag die seer wat ek het 'n vuur ontsteek,
en die hartseer van net gister laat bly leef.

Die Hartseer van Net Gister, 'n lied vir al die verlore siele,
laat die trane van gister jou siel rein, laat die geluk jou siel heil,
kom sing saam met my, kom deel in die smart,
die hartseer van net gister sal genees jou hart.

Eensaamheid se Eggo

Die wind sing sy lied,
vir die eensame soldaat,
hy loop sy pad alleen,
met sy hart in 'n stryd.

Sy skadu's dans oor die veld,
onder swaeltjies se roep,
die nag kom donker en koud,
maar sy vuur brand nog warm.

Uit die vuurmaan skyn sy pad,
met elke tree, 'n wag in die nag,
sy lied is sy kreet,
van die verlore siel.

Die eensaamheid se eggo,
op die kruispad van die lewe,
maar die sterre roep sy kosbare naam,
vir die eensame soldaat.

‘n Gunston, ‘n Castle en Marley

Dis ‘n gunston, ‘n castle en Marley,
lewe is goed, ek voel so wakker,
tyd vir musiek en dans tot ons val,
rasta ritmes wat ons harte stal.

Ons sing en baljaar tot die son opkom,
terwyl ons lewe vir daardie klank en trom,
laat die melodie ons gees laat vlieg,
op hierdie oomblik is alles reg.

Marley se stem vul die spasies,
sy boodskap van vrede leef nog daar,
'n gunston, 'n castle, ons almal saam,
in ritmes van reggae, is daar geen blaam.

So rook ons, drink ons, en luister na Marley,
gee ons vryheid om te dans en te leef,
mag musiek ons siel balsem gee,
in hiedie oomblik, is ons vry en bly.

DEEL VYF

"Halala, ewig is ons Afrika.
Halala, sasiphila, kamnandi, halala, mayibuye Afrika
Sasidjapolutjoloythina
Halala, sasiphila, kamnandi, halala, mayibuye Afrika"
Halala Afrika-Johannes Kerkorrel

Broederstryd

In die donker nag, waar dood en heimwee wag,
flitse van broer teen broer, die moordenaar kom vry en reg,
ons land in skerms van bloed en verwoesting, die tyd wat verag,
broederskap skeur, terwyl die hel herleef.

Broederstryd, 'n oorlog van bloed en vlees,
broederstryd, verlore in donker, ons hart is skeef,
die bloed van broers wat vloei, ontbind ons erfenis,
broederstryd, verdrink ons in die bittere see.

Honger na mag, vasgevang in hierdie spel verplaas,
geeste deurlopend verval, soos dae verbygaan,
ideale in as gevang, die bloed slag word oorwin,
broers teen broer, saam die duisternis ingeglip.

In hierdie heilige oorlog, betree ons die ring,
ons keuses, ons gebrul breek die aarde en bring,
verbrokkelde liefde, die spieël verouderd, ons vergiet,
broederskap verlore, ons guns vermink en ons harte ly.

Broederstryd, 'n oorlog van vlees en gees,
broederstryd, verlore in donker, ons hart is skeef,
die bloed van broers wat vloei, ontbind ons erfenis,
broederstryd, verdrink ons in die bittere see.

In die as van ons broederliefde, smeul nog die vuur,
maar ons roep word verdrink, deur die woede en die dier
in hierdie broedermoord, waar almal hul lewensdoel verloor,
ons smag na vrede, maar word vernietig, broers keer op keer.

Verlore Siel

Dit bly skemer in my gemoed,
binne word die geeste ontbloot,
gewig van my voellose bande,
ek stap in die donker, en ontrafel my verstand.

Verlore siel, gebroke gewoontes kyk ek aan,
depressie knaag, van binne, o so baie pyn,
opsoek vryheid, opsoek na die uitweg hier,
in die dieptes van my siel, kom bevry my.

Drome van 'n wêreld ver van hier,
waar die nag onvergelykbaar en onbestuurbaar is,
na 'n plek waar ek kan vlug van hierdie kettings,
waar demone en monsters my nie meer pla.

In die skemer van my wêreld, verdrink my smart,
ek vrees nie die donker nie, dit het my vasgevat,
met my bloed en sweet sal my pad ontrafel,
in rook en vuur, my siel bevry uit die warrel.

Verlore siel, gebroke gewoontes kyk ek aan,
depressie knaag, van binne, o so baie pyn,
opsoek vryheid, opsoek na die uitweg hier,
in die dieptes van my siel, kom my bevry.

Verlore Stryd

Die is my lied van hartseer en lyding,
van donker skadus wat my omring,
'n geveg wat ek verloor, my siel versteur,
trane van bloed in hierdie verlore stryd se vuur.

My hart op 'n slagters blok, my siel op sy knieë,
in die wêreld van pyn en beproeving,
satan het my in sy kloue getrek,
my diepste vrees, ek kan nie hier uit breek.

'n Verlore stryd, my gees is gelaai met smart,
verlore uit die verlede wat my hart breek,
'n slag teen my eie innerlike donkerheid,
maar ek hoor jou roep, my siel se ware lig

Elke asem wat ek vat, gevul met pyn,
elke tree, lei my na my lyk,
hierdie wêreld my koue, donker graf,
verlore en alleen, vind ek geen verlossing.

Trane vermeng met bloedige sweet,
my gees verslae, maar ek weet nie wat moet,
diep in my siel word 'n vlam doodgesteek,
my oorlog, my drome, is almal vergeet.

Verlange bring die donker na binne,
stort ons emosies uit met harde geraas,
verlore stryd is ons mantra van pyn,
Met elke noot is ons emosies ‘n waas.

Die is my verlore stryd, my laaste asem,
vasgevang in hierdie wrede, onvriendelike ryk,
maar selfs in dood is daar ’n vonk van hoop,
ek sal veg, ek sal breek, maar ek sal nooit ophou.

Sondaar

In die nag, waar die donker woon,
Slinger ek my sondaars siel om my nek,
Met vlamme in my oë, verwoes my bloed,
'n Strydende gees wat duisternis soek.

Ek is 'n sondaar,'n brandende dier,
Duiwel se siel, in my binneste vuur,
My hart verrot, my siel gebreek,
Ek is 'n sondaar so sê ek,

Die wêreld roep my, maar ek weier om te hoor,
Ek verkies om te swelg in die lewe pyn,
Miskien 'n rebel, maar vind geen vrede,
My siel gekluister, waar vryheid se verlede is.

Die chaos en die haat,
Slinger ek om my en dans in maanlig,
Ons almal is skuldig, maar ek bly sondaar,
Die bloed in my are is swart bedorwe.

In die duisternis sal ek bly,
Duiwel se siel, ek aanvaar jou vryheid,
Sondaar in my hart, sin en genugtig,
Ek is 'n sondaar, saam met vuur vertrou

Stadig op 'n Sondag

My kop raak swaar van die gif wolk,
die roep van waters lei my terug na die kus,
hier sit ek en wonder oor die woorde,
van konservatieve mense se gebrom.

Hierdie konservitiewe mense maak my mal,
dis 'n hok, waarin hulle my wil druk,
maar my siel bly vry en sterk,
vanaand sal ek lewe ek sal dans.

Sigaretrook hang dig duer die lug,
met die klank van blues was klink in die nag,
in pyn skree ek teen die donker,
vir net so bietjie lig op die pad.

Ek glo in vreiheid en liefde,
my geloof breuk die kettings van die onreg,
dis my kuns wat my stemming bepaal,
so sing ek tot die son, die donkerte breuk.

Gee vir ons die ritme van die aard,
met klank vanuit my die dieptes van my siel,
Voor die konvensionele, sal ek nie buig nie,
ek sal lewe, vry van ander se beheer.

DEEL SES

"Oppie plaas,...oppie plaas
Ja, die boere wil ons [vang]
*Landlord wil ons uitskop
Oppie plaas,...oppie plaas
Jy's verlore in die wind, blommekind"
Oppie Plaas-Bachus Nel

Suburban Fokken Wêreld

Dis die gevoel van trane in die nag,
suburban skemer laat my lag,
strate vol met mense so vreemd,
'n gedigie oor die plek wat ons verhef.

Waar huise soos paleise staan,
gras so groen en reg vir ons laan,
maar in die sirkel van die suburban lewe,
voel ek soos 'n vreemdeling, wat bewe.

Drome wat ons dra, in die stilte van die nag,
mense wat verdwaal, in die skadu se lag,
hier in die subusuburban fokken wêreld,
waar strate praat en die mense versteur.

Suburban fokken wêreld, die plek waar ons bly,
mense so vreemd, die geheime so wyd,
in die suburban fokken land,
Sing ek 'n lied, met 'n bottel in my hand.

Dronk en Dwaas

Bottels klink en musiek wat raas,
almal is dagdronk en dwaas.
son wat stadig sak oor die velde,
hierdie jol gaan aan tot die môre roep.

Ons gesels tot diep in die nag,
oor lewensvrae in ons dronk bui se prag,
kuiers word diep en die lywe dans,
in die oomblik is daar geen kans.

Ons soek antwoorde in die bedomlose glaas,
maar antwoorde ontwikkel net meer vrae.
dronk en dwaas, ons dans tot die son weer skyn,
in hierdie oomblik is ons vry.

So laat die musiek speel en die bottels vloei,
vir ons is dit nou net ek en jy ons twee.
dronk en dwaas in hierdie oomblik van vreugde,
kom ons leef die lewe soos geklets van die tong.

Dronk en dwaas met jou langs my sy,
In hierdie oomblik vergeet ons al die haat wat ons dryg,
die nag is- nog jonk en die jol is lekker,
dronk en dwaas, ons is hier om mee te jol en te woeker.

Soeppel Borste

Jy staan daar met hoë hakke en maskara,
met ‘n lyf wat my hart laat sing,
ek wil jou lei na die donker strate,
waar die vure brand en die kitaar sing.

Soeppel borste, soeppel borste, dis jou storie,
laat jou vurige dans my siel aanraak,
ek wil vergeet van die wêreld se haat,
laat ons dans tot die son opkom.

Jy's 'n vuurstorm in die nag,
met jou soeppel borste wat my siel beset,
ek wil jou liefhê tot die laaste dag,
in die skemer van jou skadu in geweld.

Soeppel borste, soeppel borste, dis jou lied,
laat ritmes my wildernis tem,
ek wil jou volg na tot einde van die tyd,
Waar ons saam kan wees in 'n drome-gloed.

Die Sensuele Kromming

Oh, haar sexy lyf, so verslawend,
ek kan nie genoeg kry van daardie kromming,
verlei my met haar blou oë en swaaiende heupe,
ek kan net droom van die aand waar sy my vashou.

Sy is die vuur in my siel, die wind in my seil,
sy laat my hart roer diep in die chaos,
ons dans in die skemerlig, onder 'n vloeiende sterrehemel,
ek verklaar my liefde vir haar in 'n volmaakte akkoord.

Laat donders ruk en bliksems brand,
ons liefde soos 'n stortbui, intens en onbeheer,
ek sal vir haar sing tot die son verbleik,
Want sy , is my lewe se grootste geheim.

Sonder ritme, sonder rym.

In die stilte van musiek sonder ritme,
‘n melodie wat vrylik in die lug dans,
'n Simfonie van sagte gesang,
fluister geheime van vreugde sonder vergelyking.

Geen gestruktureerde slae wat hart se pas lei nie,
geen voorspelbare patrone om te bind nie,
net emosies in 'n tydlose ruimte,
'n beeld van geluk ongedefinieerd.

Die lewe se skoonheid ontvou in kleurige skakerings,
oomblikke van geluk gesaai langs die pad,
met die afwesigheid van reëls, kies ons
om die lig te begryp en duisternis te laat swaai.

Vir geluk, in hierdie delikate kuns,
nie gedefinieer deur maatstawwe of tyd nie,
maar gevind in die kamers van die hart,
'n melodie sonder ritme, 'n lewe subliem.

DIE EINDE

Of is dit?

Ek is tans besig om nog duer baie gedigte te werk wat ek die laaste 10 jaar of so geskryf het. Hou 'n ogie oop, vir waneer ek hul ook publiseer

Don't miss out!

Visit the website below and you can sign up to receive emails whenever Johann C Wolffertz publishes a new book. There's no charge and no obligation.

https://books2read.com/r/B-A-XLZIB-LSBED

Connecting independent readers to independent writers.

About the Author

Johan C Wolffertz was gebore in Johannesburg in die laat tagtigs, en het aan die Wes-Rand groot geword, waar hy in Roodepoort en Krugersdorp skool gegaan het.

Duer sy lewe het hy gereeld kort stories en gidegte geskryf waarvaan baie verlore gegaan het. In die Laaste 10 jaar het hy weer baie gedigte geskryf, en is tans besig om duer alles te werk en hulle te publiseer.

Baie van die gedigte is geskryf terwyl hy in sy donkerste tyd met depressie baklei het. Maar duer dit hey hy nuwe denke en met ander oe na dinge begin kyk, baie wat nie duer die konserwatiwe afrikaner sal goed gekuer word nie.

Johann leef tans in 'n kothuis, in die noorde van Johannesburg en soos baie gaan hy elke dag soos 'n skaap na sy 9 tot 5 werk.

www.ingramcontent.com/pod-product-compliance
Lightning Source LLC
LaVergne TN
LVHW090132160826
845673LV00017B/2443

* 9 7 9 8 2 2 4 0 8 7 5 3 2 *